www.ingramcontent.com/pod-product-compliance
Lightning Source LLC
LaVergne TN
LVHW021241080526
838199LV00088B/5446
* 9 7 8 9 3 5 8 7 2 5 2 7 8 *

زیارتِ مدینہ کے کچھ آداب

ابو عدنان محمد منیر قمر

© Taemeer Publications LLC
Ziyaarat-e-Madina ke kuch Aadaab
by: Abu Adnan Mohd Muneer Qamar
Edition: October '2023
Publisher & Printer:
Taemeer Publications LLC (Michigan, USA / Hyderabad, India)

ISBN 978-93-5872-527-8

مصنف یا ناشر کی پیشگی اجازت کے بغیر اس کتاب کا کوئی بھی حصہ کسی بھی شکل میں بشمول ویب سائٹ پر اَپ لوڈنگ کے لیے استعمال نہ کیا جائے۔ نیز اس کتاب پر کسی بھی قسم کے تنازع کو نمٹانے کا اختیار صرف حیدرآباد (تلنگانہ) کی عدلیہ کو ہوگا۔

© تعمیر پبلی کیشنز

کتاب	:	زیارتِ مدینہ کے کچھ آداب
مرتبہ	:	ابو عدنان محمد منیر قمر
صنف	:	مذہب
ناشر	:	تعمیر پبلی کیشنز (حیدرآباد، انڈیا)
سالِ اشاعت	:	۲۰۲۳ء
صفحات	:	۲۰
سرورق ڈیزائن	:	تعمیر ویب ڈیزائن

فہرست

مدینہ طیبہ کے آداب	6
حجرہ رسول صلی اللہ علیہ وسلم	8
روضہ شریفہ	9
درود وسلام	11
مسجد قباء	17
جنت البقیع اور شہداءِ اُحد کی زیارت کے آداب	18

مدینہ طیبہ کے آداب

یوں تو "طوافِ وداع" کے ساتھ ہی حج و عمرہ کے تمام مناسک ، فرائض و واجبات پورے ہو جاتے ہیں۔ ان میں کسی قسم کی کوئی کمی یا نقص باقی نہیں رہ جاتا۔ مدینہ طیبہ، مسجد نبوی و حجرہ رسول صلی اللہ علیہ وسلم اور روضہ شریفہ کی زیارت حج کا حصہ یا رکن تو نہیں مگر اس کا یہ مطلب بھی ہرگز نہیں کہ اس مقدس سفر کے دوران مدینہ طیبہ جانا ہی نہیں چاہئے۔ تکمیل حج کے بعد مدینہ طیبہ بھی جائیں کیونکہ یہی وہ شہر ہے جہاں مسجد نبوی صلی اللہ علیہ وسلم ہے۔

اس میں نماز پڑھنے کی نیت کر کے اور حصول ثواب کی غرض سے شدِ رحال (سفر کرنا) موسم حج اور غیر موسم حج ہر وقت ہی جائز ہے جیسا کہ صحیح بخاری و مسلم اور ابو داؤد میں ارشاد نبوی صلی اللہ علیہ وسلم ہے:

" (حصول ثواب کی غرض سے) صرف تین مسجدوں کی طرف سفر کر کے جانا جائز ہے۔ مسجد حرام، میری مسجد (یعنی مسجد نبوی صلی اللہ علیہ وسلم) اور مسجد اقصیٰ "

لہذا مدینہ منورہ کے سفر کا ارادہ کریں تو دل میں نیت مسجد نبوی صلی اللہ علیہ وسلم کی زیارت کی ہی ہونی چاہئے۔

جب آپ مسجد نبوی صلی اللہ علیہ وسلم میں پہنچ جائیں تو پھر حجرہ رسول صلی اللہ علیہ وسلم اور روضہ شریفہ کی زیارت بھی مشروع ہے۔ اس طرح سفر کرنے سے مذکورہ ارشاد نبوی صلی اللہ علیہ وسلم کی خلاف ورزی نہ ہو گی اور دیگر شبہات کا ازالہ

بھی خود بخود دھو جائے گا۔

مسجد نبوی صلی اللہ علیہ وسلم میں ایک نماز کا ثواب صحیح بخاری و مسلم کی ایک حدیث کی رو سے عام مساجد میں پڑھی گئی ایک ہزار نماز سے زیادہ ہے چنانچہ حضرت ابو ہریرہ رضی اللہ عنہ سے مروی ارشاد نبوی صلی اللہ علیہ وسلم ہے:

"میری اس مسجد میں ایک نماز کا ثواب مسجد حرام کو چھوڑ کر دوسری تمام مساجد سے ایک ہزار گُنا زیادہ ہے"

جبکہ سنن ابن ماجہ کی ایک روایت جو کہ متکلّم فیہ ہے اس میں تو پچاس ہزار نمازوں کے ثواب کا ذکر بھی ہے مگر وہ ضعیف ہونے کی وجہ سے ناقابل استدلال ہے۔ ویسے صحیح بخاری و مسلم میں مذکور ایک ہزار نماز کا ثواب بھی کیا کم ہے۔

حجرہ رسول صلی اللہ علیہ وسلم

مدینہ طیبہ ہی وہ شہر ہے جہاں سرور کائنات، حضرت محمد رسول اللہ صلی اللہ علیہ وسلم کا حجرہ طیبہ ہے جس میں آپ صلی اللہ علیہ وسلم کی آخری آرامگاہ ہے جہاں مسجد نبوی صلی اللہ علیہ وسلم میں تحیۃ المسجد پڑھ لینے کے بعد بہ صد ہزار جان درود وسلام پڑھنا چاہیے۔

روضہ شریفہ

مدینہ طیبہ ہی وہ شہر ہے جس میں "روضہ شریفہ" ہے جس کے بارے میں صحیح بخاری ومسلم میں نبی اکرم صلی اللہ علیہ وسلم کا ارشاد گرامی ہے "میرے گھر اور میرے منبر کا در میانی قطعہ ارضی جنت کے باغیچوں میں سے ایک باغیچہ ہے"۔

نبی اکرم صلی اللہ علیہ وسلم نے جس مقام کو "روضہ" کا نام دیا وہ آپ صلی اللہ علیہ وسلم کے گھر اور منبر کے مابین والی جگہ ہے جس کے ستونوں پر سفید سنگ مر مر لگا کر نمایاں اور ممتاز کیا گیا ہے کیونکہ باقی ستون وہاں سرخ سنگ مر مر کے ہیں لیکن آج اس مقام کو تو "روضہ" کے نام سے شاید تھوڑے ہی لوگ جانتے ہیں۔ عوام الناس تو صرف نبی اکرم صلی اللہ علیہ وسلم کی قبر مقدس پر مشتمل حجرہ رسول صلی اللہ علیہ وسلم کو ہی روضہ شریفہ سمجھتے ہیں جبکہ وہ حجرہ شریفہ ہے جو کہ ام المومنین حضرت عائشہ صدیقہ رضی اللہ عنہا کا گھر ہوا کرتا تھا اور آپ صلی اللہ علیہ وسلم کی قبر مقدس اسی جگہ ہے۔

جب مدینہ طیبہ پہنچیں تو جہاں قیام کا ارادہ ہو وہاں اپنا سامان وغیرہ رکھیں۔ نہا دھو کر اور با وضو مسجد نبوی صلی اللہ علیہ وسلم کا رخ کریں۔ مسجد کے پاس پہنچنے پر پہلے اپنا دایاں پاؤں مسجد کے اندر رکھیں اور صحیح مسلم، ابو داؤد، ترمذی اور ابن ماجہ میں مذکور یہ دعا کریں:

((بسـم اللہ والصلوۃ والسلام علی رسول اللہ، أعوذ باللہ العظیم وبوجہہ الکریم وبسلطانہ القدیم من الشیطان

الرجیم۔ اللھم افتح لی أبواب رحمتك))

"اللہ کے نام سے، درود وسلام ہوں اللہ کے رسول صلی اللہ علیہ وسلم پر، میں عظمت والے اللہ، اس کے رخِ کریم اور سلطان قدیم کی پناہ مانگتا ہوں شیطان مردود سے۔ اے اللہ! میرے لئے اپنی رحمتوں کے دروازے کھول دے!"۔

یہ پوری دعاء یاد نہ ہو تو کم از کم اس کا آخری حصہ (اللھم افتح لی أبواب رحمتك) ضرور پڑھ لیں۔

مسجد میں داخل ہوتے ہی سب سے پہلا کام یہ کریں کہ تحیۃ المسجد کی دو رکعتیں ادا کریں اور بہتر ہو کہ یہ دو رکعتیں روضۃ الجنۃ میں ادا کی جائیں (التحقیق والایضاح)۔ جس کی خاص نشانی ذکر کی جاچکی ہے کہ اتنی جگہ کے تمام ستون سفید سنگ مرمر کے ہیں جبکہ اس کے ارد گرد پرانی تعمیر کے ستون لال رنگ کے ہیں۔

درود و سلام

تحیۃ المسجد سے فارغ ہو کر حجرہ اقدس صلی اللہ علیہ وسلم پر حاضر ہوں اور محسن انسانیت ، نبی رحمت صلی اللہ علیہ وسلم پر کمالِ ادب اور جوش محبت کے ساتھ درود و سلام پڑھیں کیونکہ قرآن کریم میں اس کا حکم دیا گیا ہے چنانچہ ارشاد الٰہی ہے:

" اے ایمان والو! آپ (صلی اللہ علیہ وسلم) پر درود و سلام پڑھو"

(الأحزاب:56)

پھر حضرت ابو بکر صدیق رضی اللہ عنہ کی قبر پر سلام کہیں جو کہ نبی اکرم صلی اللہ علیہ وسلم کے ساتھ ہی آسودہ خاک ہیں اور پھر حضرت عمر فاروق رضی اللہ عنہ کی قبر پر سلام کہیں کہ وہ بھی ساتھ ہی یکے از آسودگان ہیں اور آپ صلی اللہ علیہ وسلم کے ان دونوں صاحبین کے لئے دعاء بھی کریں اور ہر ایک کے لئے رضی اللہ عنہ وأرضاہ کہیں۔

یہاں بعض امور کی طرف توجہ مبذول کروانا مناسب معلوم ہوتا ہے:

یہ کہ یہاں کسی خاص ہیئت کے اختیار کرنے کی ضرورت نہیں بلکہ ادب و محبت سے آئیں اور صلوۃ و سلام کریں۔

امام غزالی رحمۃ اللہ علیہ نے اپنی کتاب احیاء علوم الدین میں جو لکھا ہے کہ:

" آپ صلی اللہ علیہ وسلم کے چہرہ مبارک کے سامنے کھڑا ہو....." اس ہیئت کا شرعاً کوئی ثبوت نہیں اور نماز کی طرح ہاتھ باندھ کر کھڑے ہونا اور سلام کرنا بھی

ناجائز ہے (التحقیق والایضاح لابن باز)

وہاں کیلئے کوئی مخصوص دعاء وسلام ثابت نہیں۔

امام غزالی نے ہی اپنی کتاب میں جو دو تین صفحات پر مشتمل صلوۃ وسلام اور دعاء وسلام ذکر کیا ہے، وہ صحابہ کرام رضی اللہ عنہم سے ثابت نہیں۔

وہاں حضرت عبد اللہ بن عمر کے عمل سے جو ثابت ہے وہ صرف یہ ہے:

((السلام علیکم یا رسول اللہ!))

اے اللہ کے رسول صلی اللہ علیہ وسلم! آپ صلی اللہ علیہ وسلم پر سلامتی ہو"۔

((السلام علیک یا أبا بکر!))

"اے ابو بکر رضی اللہ عنہ! آپ پر سلامتی ہو"

((السلام علیک یا أبتاہ))

"اے اباجان! آپ پر سلامتی ہو"

وہ اتنا کہتے اور چل دیتے تھے (بحوالہ التحقیق والایضاح لابن باز)

حضرت عبد اللہ بن عمر رضی اللہ عنہ سے مروی اس اثر کے پیش نظر اگر کوئی شخص یہ کہہ لے تو مضائقہ نہیں:

((السلام علیک یارسول اللہ ورحمۃ اللہ وبرکاتہ))

"اے اللہ کے رسول صلی اللہ علیہ وسلم! آپ پر سلامتی ہو، اللہ کی رحمت اور اس کی برکتیں نازل ہوں"

حجرہ رسول صلی اللہ علیہ وسلم کی دیواروں اور جالیوں کو چھونا، انھیں چومنا اور اس کا طواف کرنا جائز نہیں۔

بعض لوگ تو جالیوں یا دیواروں کو چھونے کے بعد پھر اپنے ہاتھوں کو اپنے منہ

اور سینے پر ملتے ہیں اور آنکھوں پر لگاتے ہیں۔ حب رسول صلی اللہ علیہ وسلم کا یہ معیار شرعی نہیں بلکہ مصنوعی ہے۔

بالفاظِ دیگر درآمدہ ہے کیونکہ خود امام غزالی رحمۃ اللہ علیہ نے اس چوما چاٹی پر نکیر کرتے ہوئے لکھا ہے: "یہ یہود و نصاریٰ کی عادت ہے" (احیاء علوم الدین) شیخ الاسلام ابن تیمیہ رحمۃ اللہ علیہ کا بھی یہی فتویٰ ہے (مجموع الفتاوی) امام نووی اور ابن قدامہ نے بھی ان امور کو ناجائز ہی لکھا ہے (شرح المھذب للنووی والمغنی لابن قدامۃ)

بریلوی مکتب فک ر کے بانی مولانا احمد رضا خاں بریلوی نے بھی ان امور کو منع قرار دیا ہے چنانچہ وہ "أنوار البشارات فی مسائل الحج والزیارات" صفحہ 29 پر لکھتے ہیں "خبر دار! جالی شریف کو بوسہ دینے اور ہاتھ لگانے سے بچو کیونکہ یہ خلاف ادب ہے بلکہ چار ہاتھ فاصلہ سے زیادہ قریب نہ جاؤ" اور آگے صفحہ 74 پر لکھتے ہیں "روضہ انور کا نہ طواف کرو، نہ سجدہ، نہ اتنا جھکو کہ رکوع کے برابر ہو، رسول صلی اللہ علیہ وسلم کی تعظیم ان کی اطاعت ہے"۔

اور احکام شریعت حصہ سوم میں لکھتے ہیں "بلا شبہ غیر کعبہ معظمہ کا طوافِ تعظیمی ناجائز ہے اور غیر اللہ کو سجدہ ہماری شریعت میں حرام ہے" (بحوالہ تعلیمات شاہ احمد رضا خاں بریلوی ص 19، از مولانا محمد حنیف یزدانی رحمۃ اللہ علیہ، طبع مکتبہ نذیریہ ،لاہور)

اسی طرح ہی مقتدر علماء و محققینِ احناف (دیوبندی مکتبِ فکر) نے بھی مذکورہ امور کو ناجائز گردانا ہے چنانچہ حضرت ملا علی قاری رحمۃ اللہ علیہ "شرح مناسک الحج" میں لکھتے ہیں: "(نبی صلی اللہ علیہ وسلم کی قبر مقدس کے) بقعہ شریفہ کے گرد طواف نہ کیا جائے کیونکہ یہ طواف صرف کعبہ شریف کا ہی خاصہ ہے۔ پس انبیاء و اولیاء کی قبور

کے گرد طواف کرنا حرام ہے۔ ان جاہلوں کے فعل کا کوئی اعتبار نہیں ہو گا جو کہ بظاہر مشائخ و علماء ہی نظر آتے ہیں (اور ان افعال کا ارتکاب کرتے ہیں) "ایسے ہی معراج الدرایۃ صفحہ 124 اور عینی شرح ھدایہ جزء دوم ص136 پر مذکور ہے:

"اگر کعبہ شریف کے سوا کسی مسجد کا بھی طواف کر لیا تو اسمیں کفر کا خطرہ ہے"

شرح عین العلم میں علامہ قاری لکھتے ہیں:

"کسی قبر، تابوت اور دیوار کو نہ چھوا جائے کیونکہ ان کاموں کی ممانعت تو قبر نبوی صلی اللہ علیہ وسلم کے بارے میں بھی وارد ہوئی ہے تو پھر دوسرے لوگوں کی قبروں کیلئے یہ کیسے جائز ہوں گے؟ اور نہ کسی قبر کو بوسہ دیا جائے یہ تو چھونے سے بھی زیادہ برا ہے۔ بوسہ دینا تو صرف حجر اسود کے ساتھ خاص ہے"۔

شیخ عبد الحق محدث دہلوی رحمۃ اللہ علیہ جو تقریباً ہر مکتب فکر کے ہاں بڑی محبت و احترام سے دیکھے جاتے ہیں بالخصوص فاضل بریلوی نے موصوف کو اپنی تصنیفات میں بڑے اچھے لفظوں سے یاد کیا ہے اور انہیں "شیخ محقق" کا خطاب دیا ہے۔ انہوں نے تاریخ و فضائل مدینہ کے موضوع پر اپنی کتاب "جذب القلوب الی دار المحبوب" صفحہ 171 پر لکھا ہے "(آپ صلی اللہ علیہ وسلم کی قبر شریف پر حاضر ہو کر) سجدہ نہ کرے اور اپنا منہ خاک پر نہ ملے اور جالی شریف کو نہ چومے اور جو ایسے خلاف شرع امور ہیں ان سے اجتناب کرے اگر چہ وہ ظاہر بینوں کی نظر میں ادب کی قبیل سے معلوم ہوتے ہیں لیکن اس بات کا یقین رکھئے کہ حقیقتِ ادب آپ صلی اللہ علیہ وسلم کی اتباع و فرمانبرداری میں ہے اور جو اس باب سے نہیں وہ توہم و باطل ہے"

(بحوالہ تعلیمات شاہ احمد رضا خاں بریلوی)۔

صلوۃ وسلام کے وقت یہاں زیادہ دیر تک رکے رہنا اور بھیڑ کا سبب بننا جس کے

نتیجہ میں شور پیدا ہو، یہ بھی درست نہیں کیونکہ یہ ادب گاہِ عالم ہے یہاں آوازوں کو پست رکھنا ضروری ہے۔

قرآن کریم میں سورہ حجرات کی آیت 2 میں ارشاد الٰہی ہے:

"نبی کی آواز سے اپنی آوازوں کو اونچا مت کرو"

اس ارشاد الٰہی پر آپ صلی اللہ علیہ وسلم کی موت و حیات ہر دو شکلوں میں ہی عمل کریں کہ اسمیں احترام رسالت پنہاں ہے (التحقیق والایضاح لابن باز)

جب صلوۃ وسلام سے فارغ ہو جائیں تو قبلہ رو ہو کر اللہ تعالیٰ سے دین و دنیا کی بھلائیوں کی دعائیں مانگیں۔

بعض لوگ جوشِ محبت میں ہوش کا دامن چھوڑ دیتے ہیں اور مذکورہ بالا ناجائز امور کے ارتکاب کے ساتھ ساتھ دعاء مانگتے وقت بھی قبلہ رو ہونے کی بجائے قبر شریف کی طرف ہی منہ کئے رہتے ہیں حالانکہ یہ صحیح نہیں۔ دعاء قبلہ رو ہو کر ہونی چاہئے۔ ایسے امور کو بدعات کہا جاتا ہے۔

سفر حج و عمرہ پر روانگی سے لے کر واپسی تک سے تعلق رکھنے والی بدعات کی فہرست خاصی طویل ہے حتی کہ علامہ البانی رحمۃ اللہ علیہ نے اپنی کتاب مناسک الحج والعمرۃ میں ایسی 176 بدعات ذکر کی ہیں۔ اس کتاب کا ترجمہ کئی سال پہلے راقم الحروف نے کیا تھا۔

بدعات کی مذمت تو نبی اکرم صلی اللہ علیہ وسلم نے ویسے ہی بہت کی ہے، صحابہ کرام، تابعین وائمہ عظام اور بعد کے علماء نے بھی انکی سخت مذمت کی ہے۔ اگر ایسے افعال کا ارتکاب خاص مدینۃ الرسول صلی اللہ علیہ وسلم میں کیا جائے تو ظاہر ہے کہ یہ

معاملہ انتہائی خوف ناک انجام کا سبب بن سکتا ہے جس کا اندازہ اسی سے کیا جا سکتا ہے کہ صحیح بخاری و مسلم میں نبی اکرم صلی اللہ علیہ وسلم کا ارشاد ہے:

" جس نے اس (مدینہ منورہ) میں کوئی بدعت ایجاد کی یا کسی بدعتی کو پناہ دی۔ اس پر اللہ تعالی، فرشتوں اور تمام انسانوں کی لعنت ہو، اس سے اس کی کوئی توبہ و فدیہ یا فرضی و نفلی عبادت قبول نہ کی جائے گی"۔

مسجد قباء

مدینۃ الرسول صلی اللہ علیہ وسلم میں قیام کے دوران مسجد قباء میں کسی وقت دو رکعتیں ضرور پڑھ لیں کیونکہ ترمذی ونسائی، ابن ماجہ اور مسند احمد میں ارشاد نبوی صلی اللہ علیہ وسلم ہے "جو شخص گھر سے وضو کر کے آئے اور مسجد قبا میں نماز (دو رکعتیں) ادا کرے اسے ایک عمرے کا ثواب ملتا ہے" صحیح بخاری ومسلم میں حضرت ابن عمر رضی اللہ عنہما سے مروی ہے:

"نبی صلی اللہ علیہ وسلم قباء کی زیارت کیلئے کبھی پیدل اور کبھی سوار ہو کر جایا کرتے تھے (اور ایک روایت میں ہے) وہاں دو رکعتیں پڑھا کرتے تھے"۔

(ضمیمہ): جنت البقیع اور شہداء اُحد کی زیارت کے آداب

قیام مدینہ کے دوران مسجد نبوی صلی اللہ علیہ وسلم میں پنجگانہ نماز باجماعت کی پابندی کریں اور مسجد نبوی صلی اللہ علیہ وسلم کے ساتھ ہی جنت البقیع ہے۔اس کی زیارت کیلئے جائیں تو صحیح مسلم میں مذکور یہ دعاء اہل بقیع کیلئے کریں:

((السلام عليكم دارقوم مؤمنين، وأتاكم ما توعدون غداً مؤجلون،وإنا ان شاء الله بكم لاحقون، اللهم اغفرلأہل بقيع الغرقد))

"اے مومن لوگو! تم پر سلامتی ہو اور تمہیں وہ مل گیا ہے جس کا تم سے وعدہ تھا اور جب اللہ نے چاہا ہم بھی تم سے آملیں گے،اے اللہ! بقیع الغرقد کے آسودگان کی مغفرت فرما"

اور صحیح مسلم کی ہی دوسری روایت میں ہے:

((السلام على أہل الديارمن المؤمنين والمسلمين ويرحم الله المستقدمين منا والمستأخرين وإنا إن شاء الله بكم للاحقون))

"اے اس شہر خاموشاں کے مومن و مسلمان باسیو! تم پر سلامتی ہو۔اللہ تعالیٰ ہم میں سے پہلے چلے جانے اور پیچھے رہ جانے والوں پر رحم فرمائے اور ان شاء اللہ ہم بھی آپ سے ضرور آملیں گے"

اس دعاء کے آخری الفاظ "اللهم اغفرلأهل بقيع الغرقد" چھوڑ کر

مذکورہ دونوں صیغوں پر مشتمل یا کوئی ایک دعاء وسلام شہدائے اُحد پر بھی پڑھیں اور چاہیں تو عام قبرستانوں میں پڑھی جانے والی یہ دعاء کرلیں جو مسلم شریف میں مذکورہ سابقہ دونوں دعاؤں کے آگے ہی درج ہے:

((السلام عليكم أہل الديار من المؤمنين والمسلمين وإنا إن شاء الله بكم للاحقون ،أسئل الله لنا ولكم العافية))۔

"اے شہر خاموشاں کے مومن و مسلمان باشندو! تم پر سلامتی ہو اور ہم بھی ان شاء اللہ (تم سے) آملیں گے۔ ہم اپنے اور تمہارے لئے اللہ سے عافیت کا سوال کرتے ہیں"۔

مذکورہ مقامات اور زیارتوں کے علاوہ مدینہ طیبہ اوراس کے گردونواح میں کتنی ہی تاریخی یادگاریں ہیں۔

اسی طرح مکہ مکرمہ کے قرب وجوار میں بھی ایسے ہی مقامات موجود ہیں جن کی شرعی نقطہ نظر سے تو نہیں البتہ تاریخی نقطہ نظر سے زیارت کی جا سکتی ہے۔ اس صورت میں یہ ضروری نہیں کہ جہاں بھی جائیں وہیں دو رکعتیں ضرور ہی پڑھیں کیونکہ یہ التزام قطعاً ثابت نہیں اور جہاں کچھ ثابت ہے وہ ہم نے ذکر کر دیا ہے۔

* * *

زیارتِ مدینہ منورہ کے موضوع پر ایک اور کتاب

زیارتِ مدینہ: احکام و آداب

مصنف: ابوعدنان محمد منیر قمر

بین الاقوامی ایڈیشن منظر عام پر آچکا ہے